Johannes Clausner

HEILUNGS GEBETE

Wie das Korn
den Körper ernährt,
ernährt das Gebet die Seele.

Crotona

„Nie ist
der Mensch größer,
als wenn er kniet."

Papst Johannes XXIII.

Deutsche Originalausgabe

1. Auflage 2013

Kammer 11 • 83123 Amerang
www.crotona.de

ISBN 978-3-86191-046-6

Druck: Westermann Druck • Zwickau

Inhalt

Die Tugend ist eine Emanation Gottes,
ein zurückgeworfenes Bild der Gottheit,
in dessen Ähnlichkeit alleine das Gute
und das Schöne liegt.
Die Seele, die sich von diesem herrlichen Vorbild
aller Vollkommenheit fesseln lässt,
wird durch die Neigung zur Tugend
zum Gebet angetrieben,
welche Neigung mit der Ausgießung des Guten,
die ihr durch das Gebet zuteil wird,
wächst, so dass sie gerade dasjenige tut,
was sie erbittet,
und das erbittet, was sie tut.

- Pythagoras -

Die **Weisheit** des Pythagoras

»Wie das Korn den Körper ernährt, ernährt das Gebet die Seele.«

drückt voller Poesie aus, wie die Seele im Dialog mit einem göttlichen Du zu ihrem eigentlichen Wesen heranreift. Es ist diese unsterbliche Zwiesprache, welche das Geheimnis des Gebetes bis in die Gegenwart ausmacht. Daher konnte Mahatma Gandhi zweitausendfünfhundert Jahre nach Pythagoras mit anderen Worten die gleiche Wahrheit beschreiben: „Wie das Korn den Körper ernährt, ernährt das Gebet die Seele. Derjenige, der von der Existenz der Seele überzeugt ist, kann nicht ohne Gebet leben. Gebet bedeutet das Hinwenden der Seele zu Gott."

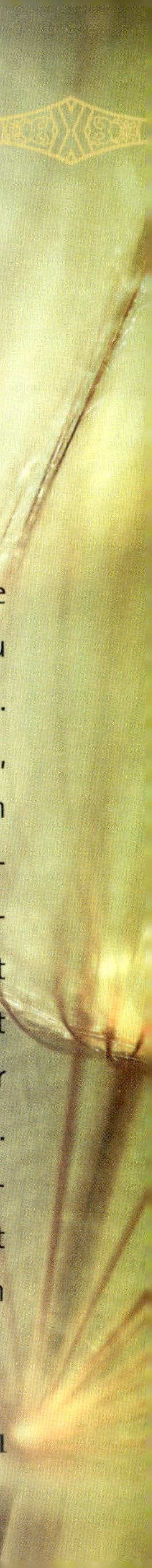

*»Ihr betet in eurer Not und Pein;
würdet ihr doch auch in der Fülle
eurer Freude und in den Tagen
des Überflusses beten.«*

Beten sollte nicht mit betteln verwechselt werden; denn das Wort „Gebet" ist verwandt mit „geben" und nicht mit nehmen. Der Betende sollte nicht etwas von Gott verlangen, sondern sich seiner Güte und Weisheit ergeben. Gebete sind also nicht versteckte „Bestellungen beim Universum", wobei Universum ohnehin nur eine Umschreibung für Gott als den Geber aller Gaben ist; sondern sie münden letztlich in das Bekenntnis ein: „Dein Wille geschehe!" Im Gebet stimmt sich der Betende auf die Quelle allen Seins ein, so dass in der Stille die Gedanken Gottes in ihn einzufließen vermögen.

Wohl niemand hat das Mysterium des Gebetes mit tieferer Schönheit beschrieben als Kahlil Gibran in seinem unsterblichen Meisterwerk „Der Prophet". „Ihr betet in eurer Not und Pein; würdet ihr doch auch in der Fülle eurer Freude und in den Tagen des Überflusses beten. Denn was ist das Gebet anderes als die Entfaltung eurer selbst in den lebendigen Äther hinein? Und wenn es zu eurem Trost ist, das Finstere auch in den Raum zu ergießen, ist es auch zu eurer Freude, die Morgenröte eures Herzens darin zu verströmen. Und wenn ihr nichts anderes könnt als weinen, wenn eure Seele euch zum Beten aufruft, sollte sie euch trotz des Weinens immer und immer wieder dazu anspornen, bis ihr lacht. Wenn ihr betet, erhebt ihr euch und trefft in den Lüften jene, die zur selben Stunde beten und denen ihr nur im Gebet begegnen könnt."

Gebet bedeutet Erhöhung über die irdische Gebundenheit hinaus in ein Reich des Lichtes und der Liebe. Gebet bedeutet die Verwandlung vom Ich zum Du, ohne sich selbst als Ich zu verlieren.

Dieses Geschehen ist immer geheimnisvoll, vollzieht sich allein im Herzen des Betenden. Daher fährt der „Prophet" mit Recht fort: „Ich kann euch nicht lehren, wie man mit Worten betet. Gott hört nicht auf eure Worte, außer wenn Er selber sie durch eure Lippen ausspricht." Das wahre Gebet ereignet sich also dann, wenn im Gebet das Ich des Betenden eins wird mit dem DU, dem das Gebet zugewandt ist.

Um dieses Mysterium nicht zu zerstören, lässt Gibran die Antwort auf die Frage nach dem wahrhaften Gebet auch nicht einen Menschen geben, sondern er lässt die Berge, Meere und Wälder sprechen: „Unser Gott, der du bist unser geflügeltes Ich, es ist dein Wille in uns, der will. Es ist dein Wunsch in uns, der wünscht. Es ist dein Drängen in uns, das unsere Nächte, die dein sind, in Tage verwandelt, die auch dein sind. Wir können dich um nichts bitten, denn du kennst unsere Bedürfnisse, ehe sie in uns geboren werden; dich brauchen wir; und indem du uns mehr von dir gibst, gibst du uns alles."

In diesem Sinne mögen die nachstehenden Gebete in der Stille Wege zu Gott erschließen und die Pforten zur Welt der Engel öffnen. Mögen sie über die Kraft des Wortes zu einem wahrhaften „Geben" und letztlich zu wahrhafter „Hingabe" führen.

Gebete an Gott

GOTT

Herr, ich liebe die Stätte deines Hauses
und den Ort, da deine Ehre wohnt.

Psalm 26,8

Wenn ich dich nur habe,
Wenn du mein nur bist,
Wenn mein Herz bis hin zum Grabe
Deine Treue nie vergisst:
Weiß ich nichts von Leide,
Fühle nichts, als Andacht,
Lieb' und Freude.

Wenn ich dich nur habe
Lass' ich alles gern,
Folg' an meinem Wanderstabe
Treugesinnt nur meinem Herrn;
Lasse still die Andern
Breite, lichte, volle Straßen wandern.

(Nach Novalis – Geistliche Lieder)

Wenn ich dich nur habe

Am Firmament der Weisheit
geht der volle Mond der Liebe auf,
der Liebesfluten Wogen
fließen überall.
O Herr, wie bist Du voller Seligkeit!
Lob sei Dir und Preis!

Ramakrishna

Der Mond der Liebe

Du Allversorger,
Du, der Du unausschöpflich meinen Bedarf deckst,
mein Genügen in allem bist:
Ich gelobe Dir hiermit,
mein Leben und alles,
was Du mir gibst,
Deinem Dienst zu weihen,
fortan nur für Dich zu arbeiten
und mich dabei in allem
von dir führen und leiten zu lassen.

Ich bitte Dich nur um Weisheit und Verständnis,
damit ich Deinen Willen und Deine Absicht erkenne,
wenn Du sprichst,
und um Kraft,
nie an Deiner unversiegbaren Versorgung
und Deinem Beistand zu zweifeln.

Joseph S. Benner

Lieber Gott!

Liebe, nimm mich.
Nimm mich, Schönheit.
Nimm mich, Erde.
Ich nehme dich,
Liebe, Erde, Schönheit.
Ich nehme
Gott.

Kahlil Gibran

Gott

O Du, jenseits von allem

O Du, jenseits aller Dinge!
Was darf man anderes von dir singen?
Wie kann ein Wort dein Lob verkünden?
Kein Wort vermag dich zu nennen.
Wie kann ein Verstand dich schauen?
Du bist unfassbar für jeden Verstand.
Du allein bist der Unsagbare,
denn du hast alles erzeugt,
was gesprochen wird.
Du allein bist er Unerkennbare,
denn du hast alles erzeugt,
was gedacht wird.

Du bist aller Dinge Ziel,
bist der Eine und alles und keines,
bist nicht eines und nicht alle.
Alle Namen kommen dir zu:
Wie kann ich dich nennen?
Dich, den Einzigen, Unnennbaren?
Du, jenseits aller Dinge!

Gregor von Nazianz

Kein Wort, kein Gedanke
kann dich erlangen,
Kein Auge vermag dich zu schauen.
Wie kannst Du anders erlangt werden,
Als wenn ich sage: „Du bist!"

(nach der Katha-Upanishade)

Er ist!

Die drei Gaben

Gott, gib mir die Gelassenheit,
Dinge hinzunehmen,
die ich nicht ändern kann.
Gott, gib mir den Mut,
Dinge zu ändern,
die ich ändern kann.
Gott, gib mir die Weisheit,
das eine vom anderen zu unterscheiden.

Christoph Friedrich Oetinger

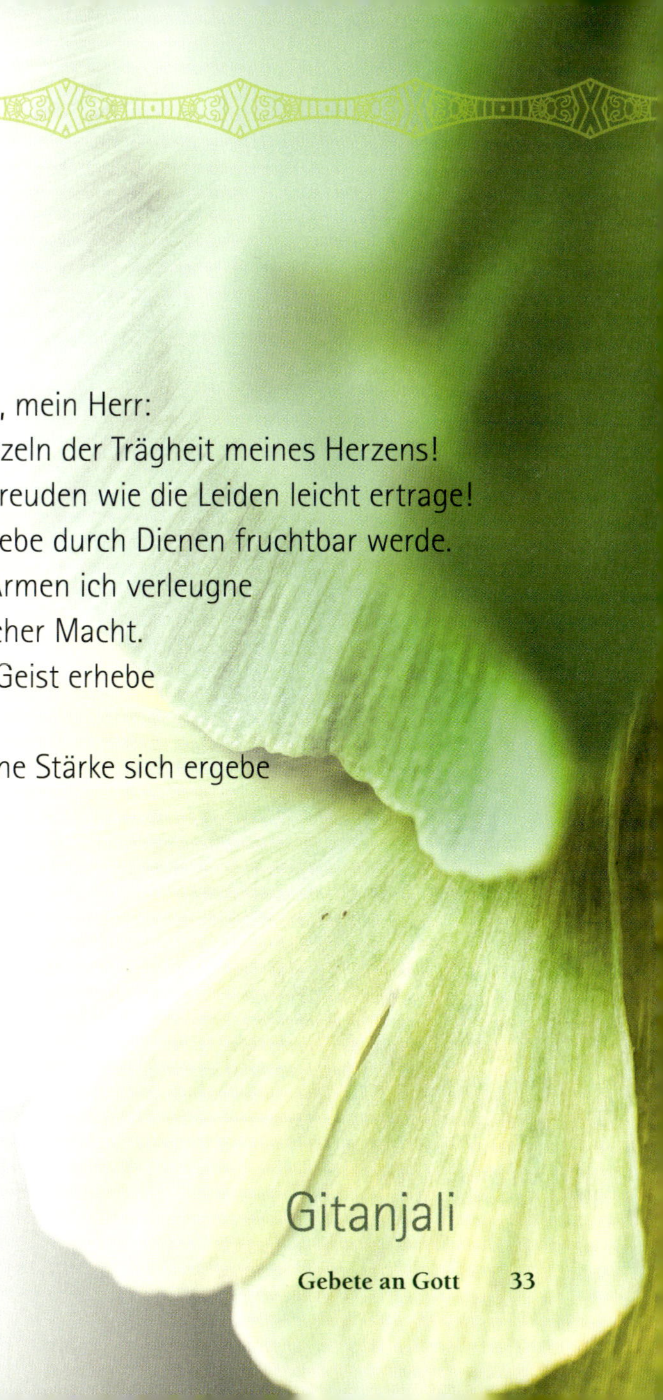

Dies ist mein Gebet an Dich, mein Herr:
Schlage, schlage bis an die Wurzeln der Trägheit meines Herzens!
Gib mir die Kraft, dass ich die Freuden wie die Leiden leicht ertrage!
Gib mir die Kraft, dass meine Liebe durch Dienen fruchtbar werde.
Gib mir die Kraft, dass nie die Armen ich verleugne
Oder meine Knie beuge vor frecher Macht.
Gib mir die Kraft, dass ich den Geist erhebe
Hoch über kleine Alltagssorgen
Und gib mir die Kraft, dass meine Stärke sich ergebe
In Liebe Deinem Willen.

Rabindranath Tagore

Gitanjali

Möge der,
welcher der VATER für die Christen ist,
JEHOVA für die Juden,
ALLAH für die Muslime,
AHURA MAZDA für die Parsen,
ARHAT für die Jainas,
BUDDHA für die Buddhisten
BRAHMAN für die Hindus,
Möge dieses allmächtige und allwissende Wesen,
Das wir als GOTT anerkennen,
Den Menschen den Frieden geben
Und unsere Herzen in einer geistigen Bruderschaft vereinen.

Vivekananda

Der Eine

Heilungsgebete

HEILUNG

Herr Jesus Christus, erfülle mich (uns) mit deiner Kraft
des höchsten Heiles und der Heilung.
Erfülle mich (uns) mit deinem Geist der Liebe und der Wahrheit.
Erfülle mich (uns) mit göttlichem Licht.

Siegfried Scharf

Das Herzensgebet

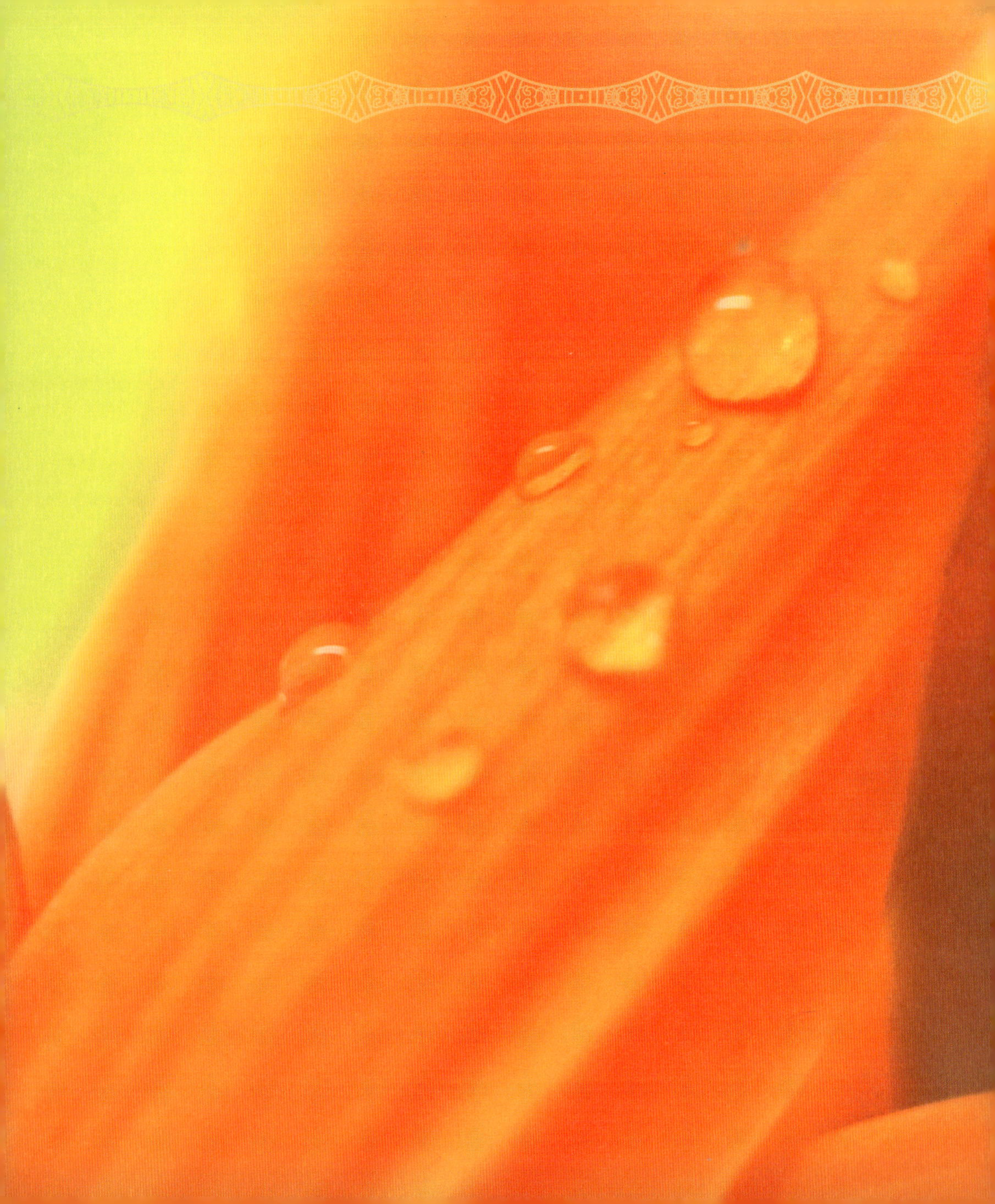

Allgegenwärtiges göttliches Licht,
umhülle uns mit deiner Kraft und deinem Segen.
Befreie uns von allem Dunklen und erlöse uns von allem Übel.
Mögest du auch *(hier die Namen der Betroffenen nennen)*
mit deiner heilenden Liebe erfüllen.
Mögest du sie befreien von Schmerz und Leid
und zu glücklichen Kindern deiner Herrlichkeit machen.
Mögen wir dann alle gemeinsam
dir dienen und deine Werkzeuge sein.
So möge es geschehen,
nach deiner heiligen Weisheit.

Johannes Clausner

Heilungsbitte

Tiefer Friede der offenen Prärie und des von den Winden
freigefegten Himmels,
der dahinströmenden Flüsse,
der stillen Täler und der erhabenen Bäume,
die getreu und fest an den Hängen der Berge stehen.
Sie halten beharrlich stand den oft
so ungestümen Winden des Lebens.

Tiefer Friede Gottes,
oh wohne in uns.
Schenke uns die Urkraft der Natur,
die uns zurückführen kann zu dir,
unserem Vater.

White Eagle

Gebet eines Indianers

Christuslicht

Göttlicher Herr in mir,
der du wohnst im Himmelreich!
Du lebst in Gott,
so lebe auch ich in Gott.
Du bist eins mit dem Christuslicht,
und so bin auch ich eins mit ihm.
Du bist vereint mit dem Geist der Wahrheit,
daher bin auch ich mit ihm vereint.
Sende deinen Frieden, deine Liebe und deine heilende Kraft
in jede Faser meines Körpers.
Mögest du meinen Geist, meine Seele und meinen Körper
mit dir verbinden.
So sei es,
durch deine Hilfe und deinen Segen.

Flower A. Newhouse

Eile, mich zu heilen

Oh großer Gott,
der Du mein Rückgrat bist,
eile, mich zu heilen,
und mache mich stark.
Oh Du teure Gottheit,
ich bin krank und mein Leib ist schwach,
bitte, hilf mir bald.

Japanisches Heilungsgebet

Christus, du großer Heiler,
du nimmst alles auf,
was uns belastet.
So können wir frei von allem,
was uns das Leben schwer macht,
sorglos stets neu den Weg beginnen,
der von Besorgnis zum Vertrauen,
vom Schatten in die Klarheit lebendigen Wassers,
von unserem eigenen Willen zur Erkenntnis des kommenden Reiches
führt.
Obwohl wir es kaum zu hoffen wagen,
schenkst du es allen Menschen,
Widerschein deines Angesichts zu sein.

Gebet aus Taizé

Christus-Gebet

Oh Herr,
Du hast uns die Liebe als Arznei gegeben,
Und Du willst,
Dass der Medicus in dieser Liebe eingeschlossen sei,
Um die Kranken zu heilen.
So wie Deine Liebe kein Ende kennt,
So soll auch unser Forschen und Dienen kein Ende finden.
Ohne Deine Hilfe ist der Arzt machtlos,
Aber mit Dir vermag er das Höchste zu vollbringen.
Du bedienst Dich unser als Werkzeuge,
Weil Du selbst gern im Verborgenen verharrst.
Es ist Dein Wille, durch uns die Kranken zu heilen.
Du schenkst unseren Herzen die Freude am ewigen Leben,
Und jeder, der an Dich glaubt,
Wird lebendig auferstehen und den Tod nicht schmecken.
Du hast im Menschen die Kräfte aller Elemente geheimnisvoll versammelt,
So wie ein Arzt aus den Säften der Kräuter ihre Heilkraft gewinnt.
Lasse mich zum Nutzen der Kranken
Nach bestem Wissen und Vermögen handeln
Und alles Schädliche von ihnen abwenden.
Lasse mich heilig und rein meine Kunst ausüben und mein Leben bewahren.

Paracelsus

Gebet eines Arztes

Weit ausgebreitet ist für dich das Netz deiner Reinigung,
Oh Meister der Seele.
Indem du im Geschöpf heranwächst,
Erfüllst du gänzlich seine Glieder.
Der unreif ist und dessen Körper nicht
In der Hitze des Feuers gelitten hat,
Kostet nicht jene Wonne.
Allein diejenigen sind imstande,
Jenes zu ertragen und zu genießen,
Die durch die Flamme vorbereitet wurden.

Rig-Veda IX.83 (In der Übertragung von Sri Aurobindo)

Der Herr der Unsterblichkeit

Heiliger, ewiger Gott
Möge Dein allgegenwärtiges, allumfassendes Licht
Uns umfangen und durchdringen.
Möge Dein Segen uns erfüllen
Und uns befreien von aller Dunkelheit.
Möge Deine Liebe uns verwandeln
Und die Schatten der Krankheit von uns nehmen.
Mögen wir den neuen Morgen begrüßen können,

Als Deine Botschafter des Lichtes.
Und mögen unsere Schritte zum Segen für Mutter Erden werden,
Vom Sonnenaufgang bis zum Sonnenuntergang.
So möge es geschehen,
Nach Deinem heiligen Willen.

Johannes Clausner

Heilendes Gotteslicht

Gebete für unsere Mitmenschen

MENSCHEN

Großer Geist der Liebe,
wir wollen darum beten,
deiner glorreichen Herrlichkeit
immer mehr gewahr zu werden,
auf dass unser Licht strahlender und beständiger werde,
damit die anderen,
die des Lebens Reise tun,
das Licht erblicken können,
und wir sie willkommen heißen
in dem schlichten Zuhause der Liebe,
das wir aufbauen wollen für alle,
die den Weg des Lebens mit uns wandern.

White Eagle

Das Zuhause der Liebe

Lass deinen Frieden unter uns erstrahlen
und befreie uns in deiner Liebe.
Herr, wir bitten: Kyrie eleison.
Für alle Christen auf der ganzen Erde
bitten wir dich: Kyrie eleison.
Für alle, die dir in deiner Kirche dienen,
bitten wir dich: Kyrie eleison.
Für alle, die im Exil leben müssen oder auf der Flucht sind,
bitten wir dich: Kyrie eleison.
Für alle Gefangenen und Opfer von Unterdrückung
bitten wir dich: Kyrie eleison.
Für alle Leidgeprüften und Bedrückten,
für alle, die Hilfe und Barmherzigkeit benötigen,
bitten wir dich: Kyrie eleison.
Dass wir, befreit von aller Schuld,
Menschen des Vertrauens bis zum Ende seien,
bitten wir dich: Kyrie eleison.
Dass wir Wege finden,
die Güter der Erde besser unter allen Menschen zu verteilen,
bitten wir dich: Kyrie eleison.
Dass wir in der Gemeinschaft mit allen heiligen Zeugen
Hoffnung und Mut finden,
bitten wir dich: Kyrie eleison.

Gebet aus Taizé

Für meine Kinder

Meine Kinder sind nicht meine Kinder.
Sie sind die Söhne und Töchter der Sehnsucht des Lebens
nach sich selber.
Sie kommen durch mich,
aber nicht von mir,
Und obwohl sie mit mir sind,
Gehören sie mir doch nicht.
Ich darf ihnen meine Liebe geben,
aber nicht meine Gedanken,
denn sie haben ihre eigenen Gedanken.
Ich darf ihren Körpern ein Haus geben,
aber nicht ihren Seelen,
denn ihre Seelen wohnen im Haus von morgen,
das ich nicht besuchen kann,
nicht einmal in meinen Träumen.
Ich darf mich bemühen, wie sie zu sein,
aber ich will nicht versuchen, sie mir ähnlich zu machen.
Denn das Leben läuft nicht rückwärts,
noch verweilt es im Gestern.

(nach Kahlil Gibran, der „Prophet")

Möge ich der Hüter sein der Verlassenen,
Der Führer der Wandernden,
Und das Boot, die Straße, die Brücke,
Für die, die hinüber wollen an das andere Ufer.
Möge ich das Licht sein für die, die des Lichtes bedürfen,
Das Bett für die, die eines Bettes bedürfen,
Und der Knecht für die, die eines Knechtes bedürfen.

Shantideva

Müde bin ich, geh zur Ruh
Schließe meine Augen zu.
Vater, lass die Augen Dein,
Über meinem Bette sein.

Alle, die mir sind bekannt,
Herr, lass ruhn in Deiner Hand.
Alle Menschen, groß und klein,
Sollen Dir befohlen sein.
Kranken Herzen sende Ruh,
Nasse Augen schließe zu.
Lass den Mond am Himmel stehn
Und die stille Welt besehn.

Volksgebet

Gebet für alle Menschen

Herr,
Du hast uns reichlich den Tisch gedeckt
Mit den Gaben deines irdischen Paradiesgartens.
In Dankbarkeit für dieses Geschenk
Bitten wir um Hilfe für die Hungrigen dieser Welt.
Mögest Du die Herzen jener öffnen,
Die vergessen haben zu geben.
Mögest Du über den Feldern wachen,
Damit keine Not entsteht.
Mögest Du Regen und Sturm gebieten,
Um Schaden abzuwenden.
Und mögest Du auch uns ermahnen,
Wenn wir vergessen zu helfen,
Wo es in unserer Macht steht.

Johannes Clausner

Gebet für die Notleidenden in der Welt

Vergebungsgebete
VERGEBUNG

Allgütiger VATER,
ergieße deine Gnade über diese Erde,
damit sie nicht fällt, sondern steigt.
Und HEILAND,
lasse dein Licht, deine Liebe
leuchten über der Dunkelheit,
damit jene, die den VATER suchen,
IHN durch dich finden.
Und HEILIGER GEIST,
wache und lenke du diesen Wandel,
damit sich nur das Gesetz auswirkt
und mitschwingen kann,
was da noch wankend ist.
Im Namen des VATERS.
Amen

Liselotte Baertz

Himmelslicht

Herr, forme mich zum Werkzeug Deines Friedens!
Wo Hass herrscht, lasse mich Frieden säen.
Wo Verletzung wirkt, lasse mich Verzeihung bringen.
Wo Zwietracht waltet, lasse mich Eintracht schaffen.
Wo Irrtum verwirrt, lasse mich Wahrheit offenbaren.
Wo Zweifel nagt, lasse mich Glauben erwecken.
Wo Verzweiflung quält, lasse mich Hoffnung schenken.
Wo Dunkelheit verdüstert, lasse mich als Licht leuchten.
Wo Traurigkeit schmerzt, dorthin lasse mich Freude tragen.

Oh Göttlicher Meister, lasse mich nicht danach trachten,
getröstet zu sein, als vielmehr trösten zu dürfen;
nicht verstanden zu werden, als vielmehr zu verstehen;
nicht geliebt zu werden, als vielmehr zu lieben.

Denn nur im Geben, vermögen wir wahrhaft zu empfangen,
Und nur in der Selbstvergessenheit finden wir rechtes Verständnis.

Im Vergeben finden wir selbst Vergebung,
Und im Sterben durchschreiten wir das Tor zum ewigen Leben.

Franz von Assisi

Das Werkzeug Deines Friedens

Herr, vergib uns unsere Schuld
Wie auch wir vergeben unseren Schuldnern.

Aus dem „Vaterunser"

Vergebung

Oh Jesus,
Vergib uns unsere Sünden,
Bewahre uns vor dem Feuer der Hölle,
Nimm alle Seelen in den Himmel auf,
Besonders jene,
Die Deiner Barmherzigkeit
Am meisten bedürfen.

Fátima-Bittgebet

Erhöre mich,
Wenn ich Dich rufe,
Gott meiner Gerechtigkeit,
Der Du mich tröstest in Angst und Not.
Sei mir gnädig und erhöre mein Gebet!

Psalm 4

Gott meiner Gerechtigkeit

Aus der Tiefe rufe ich, Herr, zu dir:
Herr, höre meine Stimme!
Wende dein Ohr mir zu,
Achte auf mein lautes Flehen!
Würdest du, Herr, unsere Sünden beachten,
Herr, wer könnte vor dir bestehen?
Doch bei dir ist Vergebung,
Damit man in Ehrfurcht dir dient.
Ich hoffe auf den Herrn,
Es hofft meine Seele.
Ich warte voll Vertrauen auf sein Wort.
Mein Seele wartet auf den Herrn,
Mehr als die Wächter auf den Morgen.
Mehr als die Wächter auf den Morgen
Soll Israel harren auf den Herrn.
Denn beim Herrn ist die Huld
Bei ihm ist Erlösung in Fülle.
Ja, er wird Israel erlösen
Von all seinen Sünden.

Psalm 130

De profundis

Bildnachweise

Seite 1: © 98501720 nikkytok – shutterstock.com
Seite 4: © 59379292 aniad – shutterstock.com
Seite 6: © 14845939 luSh – shutterstock.com
Seite 8: © 81366436 Denis Vrublevsk – shutterstock.com
Seite 10: © 73110019 Anna Omelchenko – shutterstock.com
Seite 14: © 16234078 luchschen – shutterstock.com
Seite 16: © 26783534 – Ginkgo – Fotolia.de
Seite 18: © 4110621– avarooa – Fotolia.de
Seite 20: © 8888177 ollirg – Fotolia.de
Seite 22: © 11138452 Elena Elisseeva – shutterstock.com
Seite 24: © 4252615 Martina Ebel– shutterstock.com
Seite 26: © 53180644 Alin Brotea– shutterstock.com
Seite 28: © ethylalkohol 17296093 – shutterstock.com
Seite 30: © 67505965 Yuriy_fx – shutterstock.com
Seite 32: © 68370568 Romain JL – shutterstock.com
Seite 34: © 77778559 Krivosheev Vitaly – shutterstock.com
Seite 36: © 6713422 – shutterstock.com
Seite 38: © 11091106 SNEHIT – shutterstock.com
Seite 40: © 45639910 wolfgangstaudt – Fotolia.de
Seite 42: © 4738840 – shutterstock.com
Seite 44: © 38371090 Elenamiv – shutterstock.com
Seite 46: © 39365542 Monika Gniot– shutterstock.com
Seite 48: © 39473818 silver-john – shutterstock.com
Seite 50: © 39056803 Zeljko Radojko – shutterstock.com
Seite 52: © 39487105 Kondor83 – shutterstock.com
Seite 54: ©80883505 Nailia Schwarz – shutterstock.com
Seite 56: © 38486767 Marcin-linfernum – shutterstock.com
Seite 58: © 9554962 Olga Lyubkina – shutterstock.com
Seite 60: © 4959619 Anna Mironova – shutterstock.com
Seite 62: © 836118 – shutterstock.com
Seite 64: © 13759111 Tailslider64 – shutterstock.com
Seite 66: © 3812968 Studio 37 – shutterstock.com
Seite 68: © 3273207 Craig Hanson – shutterstock.com
Seite 70: © 26722489 Subbotina Anna– shutterstock.com
Seite 72: © 799576 Stephen Coburn – shutterstock.com
Seite 74: © 45257248 voylodyon – shutterstock.com
Seite 76: © 82409752 gillmar – shutterstock.com
Seite 79: © 132330374 Anna Omelchenko– shutterstock.com